Questo è lo spazio per le mie dediche agli influencer che compreranno il libro.

A mia mamma 　　　　　A mio papà
e mio papà 　　　　　　e mia mamma

Insomma ai miei genitori
in maniera equiparata

Vuoi condividere questo libro con chi conosci?

Scarica l'applicazione ReadAzione e usa questo QR Code per mandare un WhatsApp a chi vuoi!

Più semplice di così è impossibile!

Questo è lo spazio per gli autografi degli influencer che incontrerete.

Ogni uomo è capace di dire la verità.
ma pochi sono capaci di dirla in modo
ordinato
opportuno ed esauriente.

Montaigne

ìndice: s. m. [dal lat. index -dĭcis, propr. «indicatore»,
der. del tema di indicare «indicare»]

Comincia con disegnare il tuo indice.

Sarà il primo passo per dare un'indicazione, una
direzione alle tue azioni.

Per cui, come avrai ben capito, questo libro non ha un indice, se hai bisogno di trovare qualcosa di particolare facci un orecchio, appiccica un post-it, usa le note del telefono per segnarti la pagina (ah no scusa non ho neanche messo i numeri delle pagine).

Beh insomma fai come vuoi ma trova una soluzione da solo.

Ammetto che ho usato, preso spunto e imparato da colui che credo sia uno dei migliori influencer che abbiamo oggigiorno.

Luis Sal.

E volevo intitolare questo libro, "Ciao, mi chiamo Luis".

Ma non avevo molta voglia di essere perseguitato dalla SIAE e da più di qualche avvocato.

Per cui esordirò dicendo:

"Ciao, non mi chiamo Luis"

MA SE NON TI CHIAMI LUIS CHE CI IMPORTA DI TE ???

Riflessione d'obbligo

SE NON TI CHIAMI LUIS PERCHÉ DOVREMMO COMPRARE IL TUO LIBRO

Me lo chiedo anch'io

Eh ma neanche tu ti chiami Luis per cui siamo nella stessa barca. Non trovi?

E se lo stesse leggendo un@ che si chiama Luis……?

Vuoi fare l'influencer e vuoi far vedere le tue cose agli altri.

Giusto?

MA TI PIACCIONO
LE COSE
CHE DAI A VEDERE
AGLI ALTRI

se non piaci nemmeno a te stesso...
figuriamoci agli altri...

A me piace fare quello che faccio, non lo faccio per trend, non lo faccio per fare soldi e diventare un invasat@[1] del mio stesso ego.

Si, è vero... non sono tutti così...
...a proposito di tutti...

———————————

[1] Cose importanti: @= "a" e "o", valida per il maschile e per il femminile, basta libri sessisti, anche perché si sa, la donna influenza più dell'uomo.

...dove sono tutti...?

**Ma soprattutto...
dov'è il tuo
pubblico?**

Non sembra che siano tanti...

Ah...
I tuoi fan sono come le balle di erba che rotolano nei campi...
Forse si impigliano in uno dei tuoi rami finché il vento non li sospinge via...

Se non ti chiami Luis avrai di certo un altro nome conosciuto ed altisonante per permetterti di pensare che a qualcuno gliene importa di te!

Ma di certo non ce l'hai vero?
Ma se nessuno ti degna di una briciola di attenzione come puoi sperare di essere un influencer?

Di fare i soldi?

Di essere famos@ e acclamat@ come un vero influencer??

Da qualche parte bisogna cominciare no?

Bisogna provarci, bisogna farlo e farlo bene no?

E per cui eccoci qui, io non sono Luis

(e mi pare di essere stato chiaro a proposito)
e ti darò molto di più di quello che ti aspetti da un libro del genere, e per quando avrai attraversato questa passeggiata tra rovi, ortiche, acacie spinose e cani a tre teste ti avrò dato qualcosa di più prezioso di una lista della spesa.

Ora si comincia.
Cioè, a dire il vero abbiamo già cominciato tanto tempo fa...

                                                    In che senso?

So
che ora non puoi capire le mie allusioni,
abbi pazienza,
è la virtù dei forti,
coloro che arriveranno fino alla fine della passeggiata
avranno la capacità di rispondersi alle domande.

Le prime cominciano ora...

Hai costruito il tuo pubblico ???

...LO DICONO TUTTI EH....

e quel

pubblico

si fida

di te

❓❓❓

Se sei qui immagino che o non hai un pubblico (una community) oppure quella community non si fida, non è dalla tua parte.

Perché?

Fai del tuo meglio? Mmm, posso immaginare che tu stia facendo del tuo meglio...

E la passione ce la metti?

MMM, SI... LA PASSIONE...

quella sensazione che ti fa alzare ogni mattina con il sorriso...

e ti fa andare a letto con la soddisfazione di aver raggiunto ciò che vuoi?

HAI PRESENTE?

Sarebbe già un bel passo in avanti.. Perché Luis, ma anche Fedez, J-ax, Elon Musk e tutti gli altri soliti nomi, non si sono alzati un giorno con lo schizzo di diventare influencer, cantanti, imprenditori...

So che così può sembrare...

In particolare sappiamo che Luis ha deciso di fare lo Youtuber ed ha aperto il canale. Ma da anni e anni stava già davanti e dietro alla telecamera... come una ginnasta che fin da piccola si è esercitata sulla trave e dopo anni di esercizio decide di partecipare ad una gara e la vince.

Noi vediamo che lei vince alla prima gara, che Luis ottiene 30.000 iscritti in tempo 0 (rispetto alla media), Fedez che esplode di successo, J-ax con gli Articolo 31 che se ne esce con Funkytarro e sfonda in TV.

MA COSA C'È DIETRO

Parlando dell'idolo a cui mi sono ispirato dobbiamo fare una riflessione e farci una domanda più precisa per ottenere una risposta finalmente corretta.

MA LUIS, QUANDO HA INIZIATO A FORMARE IL SUO PUBBLICO?

UFFICIALMENTE O UFFICIOSAMENTE

SI... FA LA DIFFERENZA...

Ufficialmente poco più di un anno fa.. quando ha aperto il canale..

Ufficiosamente ha iniziato quel giorno che ha caricato per la prima volta il rullino della sua prima macchina fotografica e ha continuato ogni qualvolta si fotografava, si filmava, accendeva il computer per editare, modificare o anche salvare tutto nei suoi hard disk.

Insomma per intenderci molto più di un anno fa... molto prima di avere un lavoro (come lo intendiamo normalmente) molto prima di scolpire il suo corpo e molto prima di inventare il suo motto "Ciao, mi chiamo Luis".

Come quella ginnasta che dall'età di 3-4 anni ha cominciato a mettere il primo piedino sulla trave.

Che carina!

Ma noi non lo vediamo, non lo sappiamo... e in realtà se chiedete a ogni fan di ogni artista:

"Da quando lo segui?" tutti risponderanno:

"Dall'inizio" dal primo video, dalla prima canzone, dalla prima competizione... Ma quello non è l'inizio, quello è solo il primo momento in cui tu hai avuto modo di seguirl@, di accorgerti che lei/lui esisteva.

Dimmi di più ora....

Tu quando hai comiciato

è una domanda essenziale
a cui dovresti rispondere

ora

_____

Ma forse non mi sono spiegato bene, non ti ho res@ consapevole...

Hai mai cercato video di gamer su Youtube?

C'è un mondo, un universo di persone che sulla cresta dell'onda nerd si sono filmati per ore mentre giocavano con computer e con console, mentre superavano decine e decine di livelli, mentre imprecavano, esultavano, perdevano o vincevano.

Ma coloro che hanno veramente un pubblico si possono contare sulla dita della mano…

Hai mai cercato video di make-up su Youtube?

Ci sono diversi mondi, **diversi universi paralleli**
(credo che la fisica abbia preso spunto da questo evento per formulare la tesi)
che sul picco di moda di questo settore ha passato ore e ore di fronte alla telecamera con matite, phard, ombretti, eyeliner e altri aggeggi di tortura per malati/e di apparenza.

Ma coloro che hanno un pubblico si possono contare sulla dita di una mano...
Non voglio risultare tedioso e ripetitivo...ma in cucina è successa la stessa cosa, con la musica accade da decine di anni, nel settore della moda accade da più di sempre, con i libri idem e con ogni settore che è esploso negli ultimi 10 anni il fenomeno è certamente più visibile.
Ma è un trend? È prevedibile...?

Sul serio...

NON TE NE SEI MAI RES@ CONTO ???

Forse sei giovinott@ per conoscere "Popeye", quel bell'imbusto marinaio che diventava più forte di Hulk e più veloce di Flash grazie solo ad una scatola di spinaci spesso ingoiati in un sol boccone con il sorriso in bocca. È un cartone animato moooolto vecchio… quasi antico.. e nella memoria forse appare sfocato.

Ti faccio un brevissimo racconto della storia, tieni duro e non annoiarti:
Nasce nel 1929, in un fumetto scritto da E. C. Segar, appare disegnato come un marinaio brutto e sformato, impacciato e diverso da ogni altro personaggio da cui prendere d'esempio. Fu un successo molto rapido, faceva ridere e lo faceva in modo **genuino**.
Ma gli spinaci non furono da sempre la sua fonte di invincibilità… anzi… inizialmente veniva empowerizzato da un uccello giallo "Whiffle Hen".

Da quando cominciò ad aspirare spinaci con la sua pipa il consumo degli spinaci crebbe del 33% (in una nazione come gli Stati Uniti d'America sono numeri, migliaia di tonnellate, un giro di soldi pazzesco) e lo spinacio, da alimento per vecchi stitici, passò al terzo posto per consumo da parte di tutta la popolazione, soprattutto i più giovani. Davanti al quel ortaggio verde c'erano solo il gelato e il tacchino.

Definirlo un gran risultato è molto diminutivo…

Popeye!

Altro che l'acqua della ferragni!

Aspetta che non è finita, le serie tv che parlano di dottori?

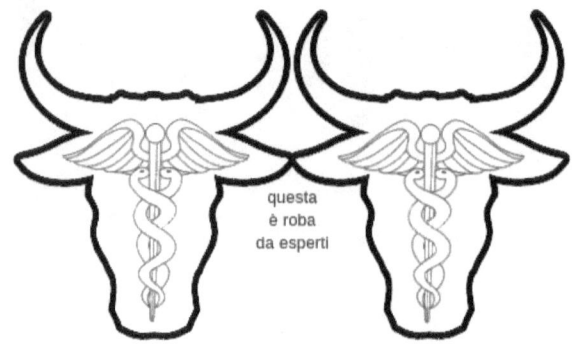

E poi le domande d'iscrizione all'università esplodono (ER, Grey's Anatomy e Dr House in testa a tutti).

Clerici, Masterchef, Cracco, Gordon ecc ecc... e le scuole alberghiere si inzuppano di invasati/e di cucina...

Come al solito evito di dilungarmi dai... hai capito la solfa.

Quando ci mostrano qualcosa (influencer o mass media) noi rincorriamo quel fenomeno come fossimo formiche che vedono un tozzo di pane disperso nel prato.

Solamente che in quel pezzo di pane ci sono già delle formiche, che già da mesi e anni si cibano e si ingrossano, che scavano gallerie e conoscono a menadito quell'ambiente.

Noi arriviamo con gli occhi illuminati, per meglio dire ciechi e realmente abbagliati da tutta quella marea di cibo e ci buttiamo a capofitto cominciando a mordere pezzi di crosta, dura, secca, e immangiabile... completamente diversa da quella che ci avevano mostrato.

Ma succede sempre così? Ni... a volte i primi primi che arrivano trovano un po' di riparo e un po' di cibo per nutrirsi, ma di certo la maggior parte è già stata consumata da quelle formiche che hanno abitato quel settore per mesi ed anni.

E ALLORA...

come ottengo successo fama gloria potere e denaro?

DOMANDA NOBILE

Ecco... per rispondere a questa domanda ho bisogno di tirare fuori dalla scatola dei segreti uno dei trucchetti magici che viene dallo studio della scienza esatta.

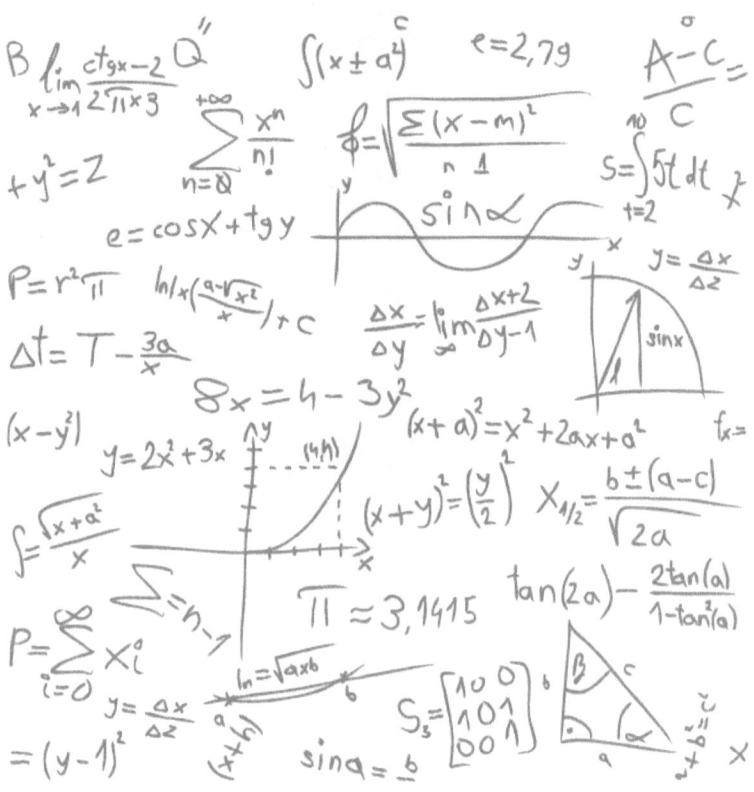

Pronto?

Pareto Pareto Pareto Pareto Pareto Pareto Pareto Pareto Pareto Pareto Pareto Pareto
Pareto Pareto Pareto Pareto Pareto Pareto Pareto Pareto Pareto Pareto Pareto Pareto
Pareto Pareto Pareto Pareto Pareto Pareto Pareto Pareto Pareto Pareto Pareto Pareto
Pareto Pareto Pareto Pareto Pareto Pareto Pareto Pareto Pareto Pareto Pareto Pareto
Pareto Pareto Pareto Pareto Pareto Pareto Pareto Pareto Pareto Pareto Pareto Pareto
Pareto Pareto Pareto Pareto Pareto Pareto Pareto Pareto Pareto Pareto Pareto Pareto
Pareto Pareto Pareto Pareto Pareto Pareto Pareto Pareto Pareto Pareto Pareto Pareto
Pareto Pareto Pareto Pareto Pareto Pareto Pareto Pareto Pareto Pareto Pareto Pareto
Pareto Pareto Pareto Pareto Pareto Pareto Pareto Pareto Pareto Pareto Pareto Pareto
Pareto Pareto Pareto Pareto Pareto Pareto Pareto Pareto Pareto Pareto Pareto Pareto
Pareto Pareto Pareto Pareto Pareto Pareto Pareto Pareto Pareto Pareto Pareto Pareto
Pareto Pareto Pareto Pareto Pareto Pareto Pareto Pareto Pareto Pareto Pareto Pareto
Pareto Pareto Pareto Pareto Pareto Pareto Pareto Pareto Pareto Pareto Pareto Pareto
Pareto Pareto Pareto Pareto Pareto Pareto Pareto Pareto Pareto Pareto Pareto Pareto
Pareto Pareto Pareto Pareto Pareto Pareto Pareto Pareto Pareto Pareto Pareto Pareto
Pareto Pareto Pareto Pareto Pareto Pareto Pareto Pareto Pareto Pareto Pareto Pareto
Pareto Pareto Pareto Pareto Pareto Pareto Pareto Pareto Pareto Pareto Pareto Pareto
Pareto Pareto Pareto Pareto Pareto Pareto Pareto Pareto Pareto Pareto Pareto Pareto
Pareto Pareto Pareto Pareto Pareto Pareto Pareto Pareto Pareto Pareto Pareto Pareto
Pareto Pareto Pareto Pareto Pareto Pareto Pareto Pareto Pareto Pareto Pareto Pareto
Pareto Pareto Pareto Pareto Pareto Pareto Pareto Pareto Pareto Pareto Pareto Pareto
Pareto Pareto Pareto Pareto Pareto Pareto Pareto Pareto Pareto Pareto Pareto Pareto
Pareto Pareto Pareto Pareto Pareto Pareto Pareto Pareto Pareto Pareto Pareto Pareto
Pareto Pareto Pareto Pareto Pareto Pareto Pareto Pareto Pareto Pareto Pareto Pareto
Pareto Pareto Pareto Pareto Pareto Pareto Pareto Pareto Pareto Pareto Pareto Pareto
Pareto Pareto Pareto Pareto Pareto Pareto Pareto Pareto Pareto Pareto Pareto Pareto
Pareto Pareto Pareto Pareto Pareto Pareto Pareto Pareto Pareto Pareto Pareto Pareto
Pareto Pareto Pareto Pareto Pareto Pareto Pareto Pareto Pareto Pareto Pareto Pareto
Pareto Pareto Pareto Pareto Pareto Pareto Pareto Pareto Pareto Pareto Pareto Pareto
Pareto Pareto Pareto Pareto Pareto Pareto Pareto Pareto Pareto Pareto Pareto Pareto
Pareto Pareto Pareto Pareto Pareto Pareto Pareto Pareto Pareto Pareto Pareto Pareto
Pareto Pareto Pareto Pareto Pareto Pareto Pareto Pareto Pareto Pareto Pareto Pareto
Pareto Pareto Pareto Pareto Pareto Pareto Pareto Pareto Pareto Pareto Pareto Pareto
Pareto Pareto Pareto Pareto Pareto Pareto Pareto Pareto Pareto Pareto Pareto Pareto
Pareto Pareto Pareto Pareto Pareto Pareto Pareto Pareto Pareto Pareto Pareto Pareto
Pareto Pareto Pareto Pareto Pareto Pareto Pareto Pareto Pareto Pareto Pareto Pareto
Pareto Pareto Pareto Pareto Pareto Pareto Pareto Pareto Pareto Pareto Pareto Pareto
Pareto Pareto Pareto Pareto Pareto Pareto Pareto Pareto Pareto Pareto Pareto Pareto

HAI CAPITO

Non volevo essere ripetivo

Pareto Pareto Pareto Pareto Pareto Pareto Pareto Pareto Pareto Pareto Pareto Pareto
Pareto Pareto Pareto Pareto Pareto Pareto Pareto Pareto Pareto Pareto Pareto Pareto
Pareto Pareto Pareto Pareto Pareto Pareto Pareto Pareto Pareto Pareto Pareto Pareto
Pareto Pareto Pareto Pareto Pareto Pareto Pareto Pareto Pareto Pareto Pareto Pareto
Pareto Pareto Pareto Pareto Pareto Pareto Pareto Pareto Pareto Pareto Pareto Pareto
Pareto Pareto Pareto Pareto Pareto Pareto Pareto Pareto Pareto Pareto Pareto Pareto
Pareto Pareto Pareto Pareto Pareto Pareto Pareto Pareto Pareto Pareto Pareto Pareto
Pareto Pareto Pareto Pareto Pareto Pareto Pareto Pareto Pareto Pareto Pareto Pareto
Pareto Pareto Pareto Pareto Pareto Pareto Pareto Pareto Pareto Pareto Pareto Pareto
Pareto Pareto Pareto Pareto Pareto Pareto Pareto Pareto Pareto Pareto Pareto Pareto
Pareto Pareto Pareto Pareto Pareto Pareto Pareto Pareto Pareto Pareto Pareto Pareto
Pareto Pareto Pareto Pareto Pareto Pareto Pareto Pareto Pareto Pareto Pareto Pareto
Pareto Pareto Pareto Pareto Pareto Pareto Pareto Pareto Pareto Pareto Pareto Pareto
Pareto Pareto Pareto Pareto Pareto Pareto Pareto Pareto Pareto Pareto Pareto Pareto
Pareto Pareto Pareto Pareto Pareto Pareto Pareto Pareto Pareto Pareto Pareto Pareto
Pareto Pareto Pareto Pareto Pareto Pareto Pareto Pareto Pareto Pareto Pareto Pareto
Pareto Pareto Pareto Pareto Pareto Pareto Pareto Pareto Pareto Pareto Pareto Pareto
Pareto Pareto Pareto Pareto Pareto Pareto Pareto Pareto Pareto Pareto Pareto Pareto
Pareto Pareto Pareto Pareto Pareto Pareto Pareto Pareto Pareto Pareto Pareto Pareto
Pareto Pareto Pareto Pareto Pareto Pareto Pareto Pareto Pareto Pareto Pareto Pareto
Pareto Pareto Pareto Pareto Pareto Pareto Pareto Pareto Pareto Pareto Pareto Pareto
Pareto Pareto Pareto Pareto Pareto Pareto Pareto Pareto Pareto Pareto Pareto Pareto
Pareto Pareto Pareto Pareto Pareto Pareto Pareto Pareto Pareto Pareto Pareto Pareto
Pareto Pareto Pareto Pareto Pareto Pareto Pareto Pareto Pareto Pareto Pareto Pareto
Pareto Pareto Pareto Pareto Pareto Pareto Pareto Pareto Pareto Pareto Pareto Pareto
Pareto Pareto Pareto Pareto Pareto Pareto Pareto Pareto Pareto Pareto Pareto Pareto
Pareto Pareto Pareto Pareto Pareto Pareto Pareto Pareto Pareto Pareto Pareto Pareto
Pareto Pareto Pareto Pareto Pareto Pareto Pareto Pareto Pareto Pareto Pareto Pareto
Pareto Pareto Pareto Pareto Pareto Pareto Pareto Pareto Pareto Pareto Pareto Pareto
Pareto Pareto Pareto Pareto Pareto Pareto Pareto Pareto Pareto Pareto Pareto Pareto
Pareto Pareto Pareto Pareto Pareto Pareto Pareto Pareto Pareto Pareto Pareto Pareto
Pareto Pareto Pareto Pareto Pareto Pareto Pareto Pareto Pareto Pareto Pareto Pareto
Pareto Pareto Pareto Pareto Pareto Pareto Pareto Pareto Pareto Pareto Pareto Pareto
Pareto Pareto Pareto Pareto Pareto Pareto Pareto Pareto Pareto Pareto Pareto Pareto
Pareto Pareto Pareto Pareto Pareto Pareto Pareto Pareto Pareto Pareto Pareto Pareto
Pareto Pareto Pareto Pareto Pareto Pareto Pareto Pareto Pareto Pareto Pareto Pareto
Pareto Pareto Pareto Pareto Pareto Pareto Pareto Pareto Pareto Pareto Pareto Pareto
Pareto Pareto Pareto Pareto Pareto Pareto Pareto Pareto Pareto Pareto Pareto Pareto
Pareto Pareto Pareto Pareto Pareto Pareto Pareto Pareto Pareto Pareto Pareto Pareto
Pareto Pareto Pareto Pareto Pareto Pareto Pareto Pareto Pareto Pareto Pareto Pareto

Pareto Pareto Pareto Pareto Pareto Pareto Pareto Pareto Pareto Pareto Pareto Pareto
Pareto Pareto Pareto Pareto Pareto Pareto Pareto Pareto Pareto Pareto Pareto Pareto
Pareto Pareto Pareto Pareto Pareto Pareto Pareto Pareto Pareto Pareto Pareto Pareto
Pareto Pareto Pareto Pareto Pareto Pareto Pareto Pareto Pareto Pareto Pareto Pareto
Pareto Pareto Pareto Pareto Pareto Pareto Pareto Pareto Pareto Pareto Pareto Pareto
Pareto Pareto Pareto Pareto Pareto Pareto Pareto Pareto Pareto Pareto Pareto Pareto
Pareto Pareto Pareto Pareto Pareto Pareto Pareto Pareto Pareto Pareto Pareto Pareto
Pareto Pareto Pareto Pareto Pareto Pareto Pareto Pareto Pareto Pareto Pareto Pareto
Pareto Pareto Pareto Pareto Pareto Pareto Pareto Pareto Pareto Pareto Pareto Pareto
Pareto Pareto Pareto Pareto Pareto Pareto Pareto Pareto Pareto Pareto Pareto Pareto
Pareto Pareto Pareto Pareto Pareto Pareto Pareto Pareto Pareto Pareto Pareto Pareto
Pareto Pareto Pareto Pareto Pareto Pareto Pareto Pareto Pareto Pareto Pareto Pareto
Pareto Pareto Pareto Pareto Pareto Pareto Pareto Pareto Pareto Pareto Pareto Pareto
Pareto Pareto Pareto Pareto Pareto Pareto Pareto Pareto Pareto Pareto Pareto Pareto
Pareto Pareto Pareto Pareto Pareto Pareto Pareto Pareto Pareto Pareto Pareto Pareto
Pareto Pareto Pareto Pareto Pareto Pareto Pareto Pareto Pareto Pareto Pareto Pareto
Pareto Pareto Pareto Pareto Pareto Pareto Pareto Pareto Pareto Pareto Pareto Pareto
Pareto Pareto Pareto Pareto Pareto Pareto Pareto Pareto Pareto Pareto Pareto Pareto
Pareto Pareto Pareto Pareto Pareto Pareto Pareto Pareto Pareto Pareto Pareto Pareto
Pareto Pareto Pareto Pareto Pareto Pareto Pareto Pareto Pareto Pareto Pareto Pareto
Pareto Pareto Pareto Pareto Pareto Pareto Pareto Pareto Pareto Pareto Pareto Pareto
Pareto Pareto Pareto Pareto Pareto Pareto Pareto Pareto Pareto Pareto Pareto Pareto
Pareto Pareto Pareto Pareto Pareto Pareto Pareto Pareto Pareto Pareto Pareto Pareto
Pareto Pareto Pareto Pareto Pareto Pareto Pareto Pareto Pareto Pareto Pareto Pareto
Pareto Pareto Pareto Pareto Pareto Pareto Pareto Pareto Pareto Pareto Pareto Pareto
Pareto Pareto Pareto Pareto Pareto Pareto Pareto Pareto Pareto Pareto Pareto Pareto
Pareto Pareto Pareto Pareto Pareto Pareto Pareto Pareto Pareto Pareto Pareto Pareto
Pareto Pareto Pareto Pareto Pareto Pareto Pareto Pareto Pareto Pareto Pareto Pareto
Pareto Pareto Pareto Pareto Pareto Pareto Pareto Pareto Pareto Pareto Pareto Pareto
Pareto Pareto Pareto Pareto Pareto Pareto Pareto Pareto Pareto Pareto Pareto Pareto
Pareto Pareto Pareto Pareto Pareto Pareto Pareto Pareto Pareto Pareto Pareto Pareto
Pareto Pareto Pareto Pareto Pareto Pareto Pareto Pareto Pareto Pareto Pareto Pareto
Pareto Pareto Pareto Pareto Pareto Pareto Pareto Pareto Pareto Pareto Pareto Pareto
Pareto Pareto Pareto Pareto Pareto Pareto Pareto Pareto Pareto Pareto Pareto Pareto
Pareto Pareto Pareto Pareto Pareto Pareto Pareto Pareto Pareto Pareto Pareto Pareto
Pareto Pareto Pareto Pareto Pareto Pareto Pareto Pareto Pareto Pareto Pareto Pareto
Pareto Pareto Pareto Pareto Pareto Pareto Pareto Pareto Pareto Pareto Pareto Pareto
Pareto Pareto Pareto Pareto Pareto Pareto Pareto Pareto Pareto Pareto Pareto Pareto

Giusto per essere chiaro, perché è un concetto chiave per tutto ciò che ha bisogno di essere misurato in economia.

Il signor Pareto, un tizio italiano morto prima che ognun@ di voi fosse nat@, ci ha dato la soluzione a tutti i nostri dubbi cervellotici sul perché non siamo ancora diventati/e influencer.

Grazie al suo intelletto sopraffino ha osservato che tutti i risultati che potevano essere contati, numerati, proporzionati funzionavano secondo uno schema:

il 20% delle nostre azioni dà l'80% dei risultati

il restante 80% delle nostre azioni dà solo il 20% del risultato.

Ma non ci fermiamo qui: il 20% della ricchezza è distribuito all'80% della popolazione (denutrita e senza risorse) e il restante 80% delle risorse è distribuito al restante 20% della popolazione (opulenti europei, americani, e paradisi fiscali vari).

Questo vale per ogni nuovo settore e per il suo sviluppo:

Con tutte le persone che fanno make-up, milioni forse?

Ecco, il 20% di loro guadagnerà visibilità, denaro e influenza sull'80% delle persone con l'interesse di imparare, il restante 20% delle persone disponibili si spalmano sull'80% di esperti di make-up che cercano spazio in un mondo che è regolato da questa legge economica matematica.

E questo esempio vale per tutti i settori, ristorazione, video making, podcast, manager, musica, arte....

Poi l'uomo si mette in mezzo grazie ad un algoritmo che sposta quel 20% di possibile pubblico ancora libero, al 20% di persone che già ci guadagnano un sacco... perché gli algoritmi tendono alla logica/meritocrazia (da certi punti di vista) che riflettono il pensiero: se la maggior parte delle persone guarda questo... ci sarà un motivo no?

Se un@ è svegli@ (e bisogna esserlo per fare l'influencer) potrebbe accorgersi di una cosa singolarmente importante:

SE QUALCUNO È PRONTO AD INSEGNARMI... IO NON SARÒ PARTE DI QUEL 20%

e questa non l'ho imparata da nessuno

Se vedi qualcuno che crea interesse facendo qualcosa...

non metterti in coda sperando di mangiare dal tozzo di pane...

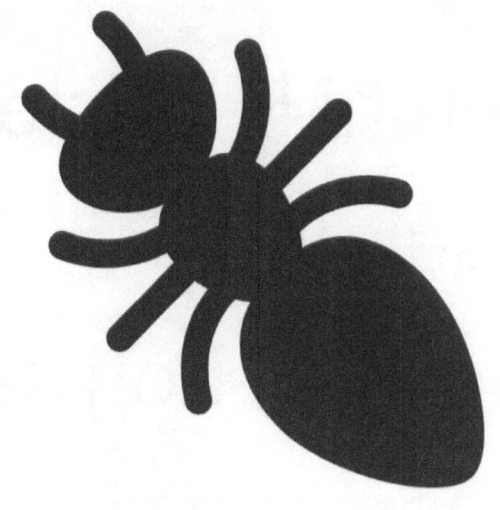

Cara formica,
forse le
briciole....
ti rimarranno...

Se cerchi le briciole non sei un influencer, non sei una persona che sta cominciando e ha bisogno di partire da qualche parte...

è una scusa
banale
per motivare
la mancanza
del
raggiungimento
delle tue
aspettative

Nient'altro che questo

Secondo me dovrei fermarmi qui, vi ho detto abbastanza per capire cosa state sbagliando.

INSOMMA UN PERBENISTA CHE HA SCAGLIATO IL SASSO PER POI NASCONDERE LA MANO.

Comportamento più che accettato nella società odierna, ma non è da me.

Se
Fai
Una
Cosa
Falla
Bene
Non
Darti
Pene

Ma fin da subito!

!Non domani andrà meglio

Perché è logico che domani molto probabilmente andrà meglio!

!Avrai più esperienza

Ma il che significa che se oggi hai fatto 1 domani farai 3!

Non esiste fare 0 0 0 0 0 0 0 0 0 1 1 1 1 1 1 1 0 1 1 1 2 1 1 1 1 1 1 1 1 1 1 1 1 2 2 1 1 1 2 1 1 2 2 2 2 2 2 2 2 2 2 2 2 2 2 2 2 2 2 2 2 2 2 2 2 2 2 2 3 2 2 2 2 3 3 3 2 2 2 2 3.

Soprattutto quando quel 1 – 2 – 3 sono tuoi amici che, pressati dalle tue richieste, cedono e aprono il video perché tu non vuoi che ci sia scritto 0, mettono like al tuo post, repostano la tua foto per farti felice, oppure persone nei gruppi di like e visual condivise "like4like" – "follow4follow".

Certo che condividere e creare sinergie è giusto, chiedere e dare aiuto è consigliabile.

Anzi lo dovresti fare, lo dovresti prendere in considerazione fin dalla pianificazione delle *tue* idee, fin da quando tiri fuori il *tuo* note per segnare la *tua* idea che ha appena sfiorato il *tuo* cervello!

Ci siamo intesi su questo e se non ti fidi di me perché non mi chiamo Luis, riporto anche una frase che è uscita dalle sue labbra:

"non cercate di imitarmi"

Perché imitare, copiare, emulare sono tutti comportamenti per chi cerca e si accontenta delle briciole!

E nessuno dei nomi che avete in testa si è mai accontentato delle briciole, perché dovreste farlo voi?

Lasciate stare il tipico complottista che si intestardisce sul fatto che Luis dice di non imitarlo perché...

ha paura che qualcuno un domani lo superi

PARLIAMO DI

TA-LENTO
FORGIATO

Intanto attiva il cervello e connetti i neuroni quando leggi, perché io certe cose te le dico perché tu devi capirle, perché hai speso un po' della tua paghetta per avere tra le tue mani il mio libro e voglio che capisci tutto ciò che ho da dire.
Ma la vita non ti serve la pappa pronta premasticata come ha fatto la mamma finora.

TA-LENTO

Non oggi, non domani, ma con il suo tempo.
Altrimenti lo avrebbero chiamato

TA-VELOCE

L'italiano non è solo una bella lingua con cui giocare, dobbiamo fare attenzione a quei piccoli significati che a volte rimangono all'ombra dell'apparenza sgargiante.

Qualsiasi cosa tu voglia fare devi capire una cosa, per differenziarti hai bisogno di saper fare cose che gli altri non sanno fare, cose che potrebbero essere ammirate con stupore e replicate con difficoltà.

Questo si chiama appunto:

TALENTO

Eh ma il talento è una cosa che o hai o non hai.

Si, ma non nasce nel tuo DNA.

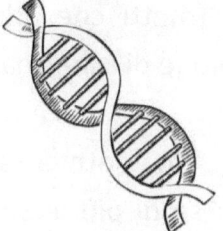

In che senso?

Il talento lo sviluppi con anni e anni di pratica, lo forgi con l'impegno e la dedizione.

Dici che sia così fattibile?

Rientra nel mondo delle possibilità, e magari se riesci a sviluppare un talento che sposi quello che sei portato a fare potrebbe essere più facile.

In che senso?

Ma perché hai così tante domande e così poche risposte?

Bebe Vio non ha mezzi arti però tira di scherma meglio di te (metti che adesso sto libro lo sta leggendo un campione di scherma mi sono fregato).

Bebe Vio poteva anche sviluppare un talento che sposasse di più le sue opportunità, ma ci è riuscita alla grande lo stesso in un mondo contrario a quello che sarebbe umanamente pensabile.

Ah sì il destino.

Mi immagino che da qualche parte c'era scritto già tutto... e allora che vivi a fare?? Perché ti preoccupi di ciò che fai, delle tue scelte e delle tue azioni? Se nel tuo destino c'è scritto che diventerai un influencer cavolo leggi a fare questo libro? Tanto prima o poi lo diventerai lo stesso.. perché è destino...

Dai fammi un piacere, chiudi sto libro e aspetta che il tuo destino si compia.

Vorrei dedicarti delle attenzioni per spiegarti che credere nel destino **non è molto salutare** per la nostra motivazione e la nostra possibilità di raggiungere obiettivi, ma preferisco dirti che prima, mentre scrivevo "chiudi sto libro e aspetta che il tuo destino si compia" l'ho pensato con la voce da Hollywood e mi sono sentito un figo...

Si lo so, non ti interessa... come non ti interessa di te stess@ se credi al destino ☺

Siamo pari ☺

In finale, questa storia del destino mi ha fatto perdere il filo del discorso e ho dovuto rileggere da capo il capitolo per recuperare il filo di Arianna.

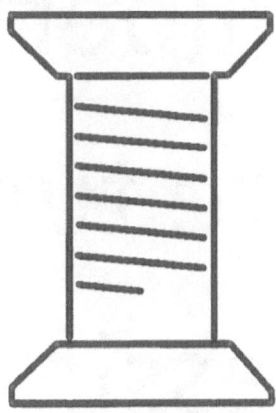

Il destino fa sempre perdere tempo.

Ma soprattutto sapete perché non posso credere al destino??

Siete curiosi di saperlo??

O mi leggi nel pensiero, oppure continua a leggere.

Vera libertà è potere tutto su sé stessi.

Montaigne[2]

---

[2] È la seconda volta che ti propongo una frase di sto tizio e non sei ancora andat@ a vedere chi è?

VUOI DIVENTARE UN VERO INFLUENCER

Sì vero?

altrimenti...
che l'hai comprato a fare questo libro??

Ah…
Magari te lo hanno regalato questo libro,
pensando che tu ti ci faccia un futuro…
così..
…da un punto in nero…

●

Beh ora puoi.

"I segnali del mondo ora sono diversi, i pericoli maggiori, e il nostro sistema inconscio di adattamento ha raggiunto i suoi limiti.
Finora non avevamo avuto bisogno di dirigere la nostra mente così consapevolmente, finora, e non avevamo compreso fino in fondo la delicatezza e l'assoluta necessità di farlo – fino ad oggi."

Robert Ornstein

Ritorniamo ai nostri discorsi, vuoi fare l'influencer giusto?

Cosa fa un influencer?

Influenza

E allora comincia ad influenzare te stess@ per prima cosa e quando sarai in grado di influenzare te stess@

raggiungi gli obiettivi che hai scelto e così avrai più possibilità di riuscire ad influenzare le altre persone.

Perché mi pare che qui, quasi nessuno abbia capito una cosa essenziale...

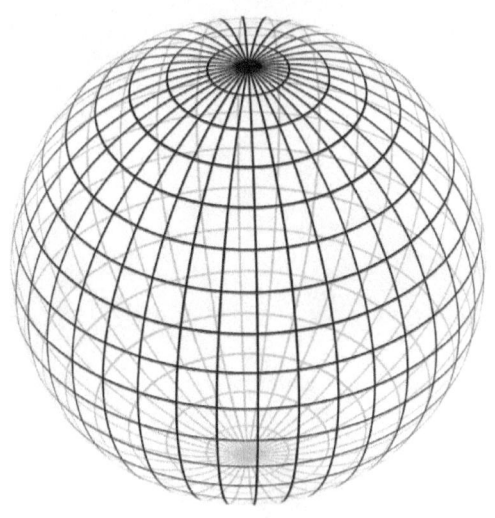

Mi piaceva questa immagine

Quando parlano tra influencer, quando vengono intervistati o si lasciano andare dopo un bicchierino di troppo svelano un segreto dal potere enorme:

Un bravo influencer è genuino

B

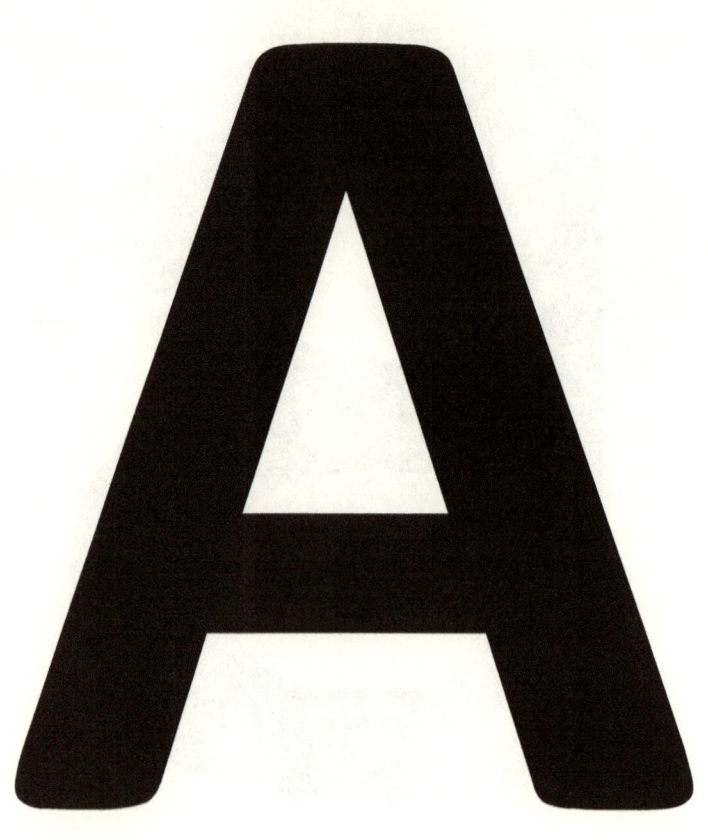

Eh scusate ma non ce la facevo più a trattenere questo pensiero...

L'influencer non deve essere genuino, non è una dieta.

L'influencer ha un altro compito, quello di farsi pagare per dire l'opinione che gli hanno detto di dire...

Altrimenti non lo pagano.

Anche questa è una balla in effetti, per metà almeno... perché succede più spesso di quanto ci immaginiamo, e appartiene da decenni al mondo della pubblicità tradizionale, ed ecco perché il vero influencer funziona molto bene, e per questo è molto più credibile della pubblicità tradizionale.

Perché l'influencer non ha bisogno di essere Bio, NoFat, proveniente da agricoltura omeopatica e tanto meno genuino.

Il vero influencer, quello bravo, come Luis, ha una sola caratteristica:

coerenza
coerenza
coerenza
coerenza
coerenza
coerenza
coerenza
coerenza
coerenza
coerenza
coerenza
coerenza
coerenza
COERENZA
coerenza
coerenza
coerenza
coerenza
coerenza
coerenza
coerenza
coerenza
coerenza
coerenza
coerenza
coerenza
coerenza
coerenza
coerenza
coerenza
coerenza
coerenza
coerenza
coerenza

Non importa ciò che fai, a dire la verità puoi fare tutto ciò che vuoi, però le tue azioni devono rappresentare il tuo modo di essere e le tue parole devono dare lo stesso significato delle tue azioni.

Ogni giorno con continuità devi mostrare il/la te stess@ che vuoi mostrare.

Per influenzare gli altri prima devi essere in grado di essere coerente con le tue decisioni, perseguire queste decisioni che saranno la tua linea guida fino in fondo, fino all'obiettivo e solo quando avrai raggiunto quell'obiettivo potrai dire:

"ho influenzato così bene me stess@ che ora potrei essere in grado di creare un pubblico che possa rappresentare la mia influenza"

Metaforicamente parlando hai dato prova che il tuo braccio funziona e allora a quel punto ha senso allenare la mano, come un unico pezzo, a prova che siano una l'estensione dell'altra.

Perché un domani il tuo pubblico, la tua mano, darà sempre più forza al braccio, aumentando le possibilità e agguantando sempre più presa sul mondo esterno.

Ma senza coerenza, senza aver allenato il braccio, senza essere in grado di essere l'esempio di te stesso...

È una missione suicida a prescindere.

Per stare in tema:

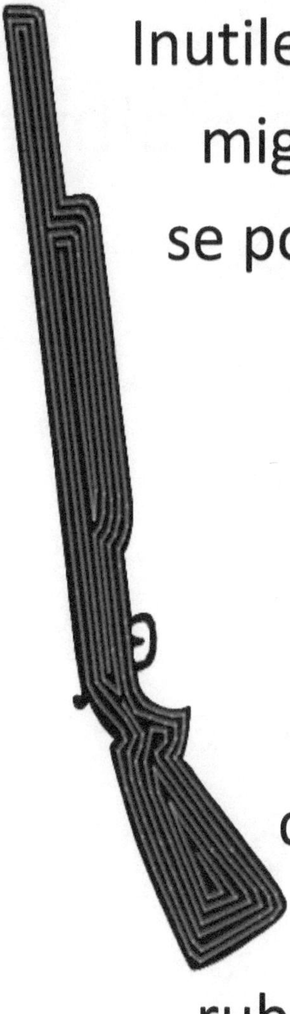

Inutile cercare di avere
migliaia di pallottole
se poi non hai il fucile
con cui spararle:
rischieresti solo
di farti del male
accidentalmente
o peggio ancora,
che qualcuno che
il fucile ce l'ha,
rubi le tue pallottole
e te le spari contro.

E, a proposito di munizioni, ho un'altra riflessione da porre, pensiero che spesso viene posto alle persone che mettono in mostra le proprie idee attraverso la creatività:

Ma non hai paura di finire le idee?

Quella che ti ho appena mostrato è la semplice rappresentazione grafica di una mente di una persona creativa.

Non per la lampadina, quello è uno stereotipo che serve per accendere la mente delle persone poco creative, coloro che appunto hanno bisogno di chiari messaggi stereotipati con simbologie conosciute.

Se guardi oltre, senza rendere le cose troppo complesse e stereotipate, vedrai che il condotto che assorbe le idee è largo come l'inizio di un imbuto, poi si stringe in una spirale che non lascia passare qualsiasi cosa venga assorbita dall'esterno.

Quel filtro è regolamentato dalla coerenza, quella linea (spesso tortuosa e incomprensibile ai più) dà vita ad una serie di ragionamenti unici e contorti che accadono in modo diverso nella mente di ognuno di noi.

E poi abbiamo spazio aperto di nuovo, perché una volta che l'idea ha passato il confine di smistamento e affinamento ha molto spazio per venire coltivata, ha un luogo dove incontra e sinergizza con altre idee che si trasformano in qualcosa di migliore.

Ogni giorno di più.

E le idee non finiscono, aumentano, rimbalzano e si uniscono ogni giorno in un risultato che spesso ci fa dire:

"ma come ti è venuto in mente di andare a Beirut?"

"perché non ci ho pensato anch'io a bere litri di acqua fino a vomitare?"

O per non renderlo troppo uninominale:

"perché quel giro di chitarra non è venuto a me?"

"come fai a intubare idee così innovative?"

Ecc
Ecc
Ecc

Materiale e seghe mentali di persone che cercano di essere influencer solo facendosi influenciare dalle persone che contano.

1 2 3 4 5 6 7 8 9 10 11 12 13 14 15 16 17 18 19 20 21 22 23 24 25 26 27 28 29 30 31 32

TOMBOLA!!!

33 34 35 36 37 38 39 40 41 42 43 44 45 46 47 48 49 50 51 52 53 54 56 57 58 59 60 61 62 63 64 65 66 67 68 69 70 71 72 73 74 75 76 77 78 79 80 81 82 83 84 85 86 87 88 89 90 91 92 93 94 95 96 97 98 99 100 101 102 103 104 105 106 107 108 109 110 111 112 113 114 115 116 117 118 119 120 121 123 124 125 125 126 127 128 129 130 131 132 133 134 135 136 137 138 139 140 141 142 143 144 145 146 147 148 149 150 151 152 153 154 155 156 157 158 159 160 161 162 163 164 165 166 167 168 169 170 171 172 173 174 175 176 177 178 179 180 181 182 183 184 185 186 187 188 189 190 191 192 193 194 195 196 197 198 199 200 201 202 203 204 205 206 207 208 209 210 211 212 213 214 215 216 217 218 219 220 221 222 223 224 225 226 227 228 229 230 231 232 234 235 236 237 238 239 240 241 242 243 244 245 246 247 248 249 250 251 252 253 254 255 256 257 258 259 260 261 262 263 264 265 266 267 268 269 270 271 272 273 274 275 276 277 278 279 280 281 282 283 284 285 286 287 288 289 290 291 292 293 294 295 296 297 298 299 300
301
Trecento sono un numero sufficiente per sconfiggere un orda di Persiani imbestialiti.

Si 300, e non 301 perché non ti sei accort@ che ho saltato il numero 55.

I dettagli sono importanti.

È più facile pensarci e piangersi addosso che trastullarsi la testa per farsi venire nuove idee da mettersi in pratica vero?

"Non occorre che esca dalla stanza, rimani seduto al tavolo e ascolta.
  Non ascoltare neanche, limitati ad aspettare.
No, non aspettare nemmeno: resta tranquillo e solo.
  Il mondo ti si offrirà liberamente. Non ha altra scelta che farsi smascherare."

Franz Kafka[3]

---

[3] Ah, questo tizio lo hai già sentito nominare a scuola...? Forse...

Il secondo fattore che crea un vero influencer è:

la consapevolezza.

Non è una parolaccia. Potete pronunciarla davanti alle vostre mamme senza paura di essere rimproverati.

Avere consapevolezza significa sapere quello che puoi e quello che non puoi fare.

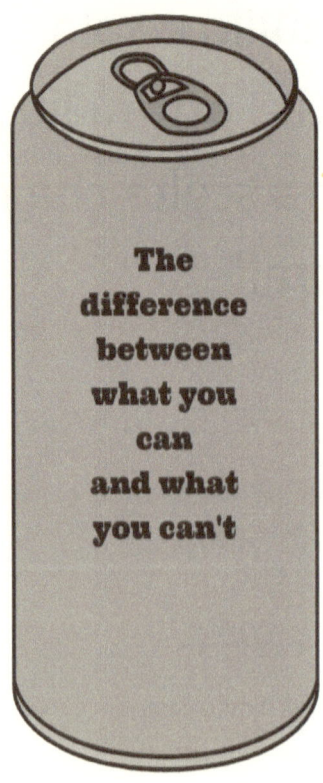

Anche se sei genuin@, non prescrivi diete se non sei un dietolog@

Perché devi essere consapevole che ogni cosa che fai sarà seguita da migliaia di persone e un tuo errore equivale a migliaia di errori futuri.

Ma soprattutto ti rendi responsabile di dove vuoi arrivare realmente.

Per ottenere il paradiso, devi prima essere disposto a morire.

Alex Sebastianutti

Oltre alla consapevolezza c'è un argomento in cui pochi influencer mettono il becco, ed è:

e se domani non piacessi più?

E se domani filmo dei cadaveri e la comunità mi banna dal web e io perdo tutto ciò che ho?

Perché guadagnare la fiducia della gente, creare una community è difficilissimo, mantenerla ancora di più.

E in assoluto perderla è un istante.

Sei lì per merito mio, perché io ti do il mio tempo e le mie attenzioni.

Se non le meriti... torni da dove sei venuto.

Impressione molto diversa rispetto ad un piastrellista, o ad un venditore di giornali.

Anche i dottori sbagliano... ma difficilmente vengono puniti così duramente, e quando sbagliano son *****...

Eppure l'influencer deve farcela.

Ora,
sei arrivato fin qui

VUOI ANCORA DIVENTARE UN VERO INFLUENCER

Ok, se continui a leggere immagino che la risposta sia si.

Tanto non ti rimborso i soldi del libro se rispondi no.

Ma devi ammettere perché lo fai, perché vuoi fare l'influencer?

_____

_____

_____

Pensaci bene a quello che hai scritto perché più forte sarà la motivazione che ti spinge più forte sarà la probabilità che tu ci riesca.

Questione di attitudine.

E non andare oltre con la lettura finché non hai scritto la tua motivazione.

Ora vediamo se sei pronto al vero viaggio di un influencer

Ti ho dato alcune basi e sarei tentato di lasciarti a navigare in acque gelide, per i fatti tuoi.

Però non posso fare
un libro
con meno di
100
pagine dai,
risulterebbe
troppo fino,
quasi
un opuscolo.

fino
fino
fino
fino
fino
fino
fino
fino
fino
fino
fino
fino
fino
fino
fino
fino
fino

Poi sfiguro.

Per cui ho deciso di fare un altro pezzo di viaggio insieme a te.

Fortuna tua che cegente[4] che scrive libri di 300 pagine.

Se gli uomini fossero saggi, avrebbero valutato il vero valore di ogni cosa per la loro utilità e rispetto alla propria adeguatezza.

Montaigne

Si lo so questo aforisma non è semplice da capire per cui passiamo a cose più semplici e dirette.

---

[4] Se non conosci Luis e non hai mai visto il suo miglior video cerca cegente su Youtube e capirai.

Hai capito che ci vorranno anni e anni di impegno prima di avere delle conoscenze e delle possibilità di sfondare come influencer?

Riempi la risposta suggerita così quando la tua motivazione vacillerà potrai riaprire questa pagina e assorbire un po' di forza di volontà.

Hai capito che sarai indirettamente schiavo delle persone che influenzerai?

Riempi la risposta suggerita così quando te ne accorgerai potrai riaprire questa pagina e piangerci sopra.

Hahahaha

La nostra vita consiste in metà pazzia e metà saggezza, chiunque ne scriva in modo rispettoso seguendo le regole ne lascia più di metà dietro di sé.

Montaigne

Dai era una battuta(reale), ma potresti essere così bravo da non sentirti mai schiavo.
E lo fai in un modo solo.

Hai capito che per fare l'influencer deve essere un lavoro che ti piace fare?

Se nelle motivazioni scritte prima ti sei dimenticato, o non hai pensato che fosse una cosa che ti potesse piacere... non vorrei fare l'uccello del malaugurio ma potrebbe non essere un bel inizio positivo.

Ecco dai, se sei superstizioso strappa questa pagina e liberati dell'uccello del malaugurio

Di solito non è bene strappare le pagine dei libri... ma questa volta è una questione importante.

La sfortuna può intercedere negativamente nella vita delle persone e potrebbe compromettere i loro obiettivi?

Perché come per il destino, affidare i propri obiettivi alla fortuna e alla sfortuna ha sempre prodotto grandi danni.

Ma siccome cegente che ci crede... non turbiamo le loro credenze.........

Shhhh...

Ora hai bisogno di una lista di idee, anzi prima hai bisogno di chiarire l'obiettivo per il quale creerai le tue idee...

Per esempio io voglio vivere di rendita per tutta la vita grazie a questo libro.

E qui c'è un dettaglio importante, l'obiettivo deve essere realizzabile, temporalmente e umanamente fattibile.

Ma questi sono dettagli.

L'unica cosa importante è che l'obiettivo riguardi solo te, perché tu non puoi decidere per gli altri, non puoi pensare con la loro testa e nemmeno mettere la tua nella loro.

Per esempio, su Youtube, l'obiettivo non è un numero di iscritti, non è un numero di visual, perché quello dipende da altre persone **(a meno che non pagate per comprarle)**.

Ma non sarete influencer.

Anzi peggio.

Perché
vi abbandonate
alla prova che
non ci siete riusciti
e avete dovuto
ricorrere
all'inganno per
accontentare
il vostro ego.

NO
NO
NO
NO
NO
NO
NO
NO
NO
NO
NO
NO
NO
NO
NO
NO
NO
NO
NO
NO

non va mica bene

Questo obiettivo deve essere temporale, deve avere una scadenza.

Altrimenti è, e rimane  un sogno.

E solo Freud 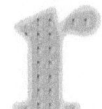 vi può  aiutare

Ah no, è morto.
Ma ha scritto un ottimo libro sull'interpretazione dei sogni.

Avete notato che la parola inglese dream, con un semplice anagramma, può comporre un paio di curiose parole italiane...?

___ ___ ___ ___ ___

Un aiuto... mamma.

___ ___ ___ ___ ___

Un aiuto: la fai tutti i giorni.

Ecco... non sognare tutti i giorni...

Torniamo a fare i seri... ti do una facciata per scrivere il tuo obiettivo:

e non ti ho messo le righe perché gli obiettivi non hanno limiti, solo scadenze.

E questo obiettivo per quale data sarà raggiunto?

_____

Non voler essere frettolos@, ricorda che Luis ha fatto successo in un anno, ma con una preparazione decennale.

E soprattutto ascolta le parole di una delle discendenti di uno degli influencer più influenti e famosi della storia:

"Non è la velocità che conta.

Ma la direzione."

Tara Gandhi[5]

---

[5] È la nipote di Mohandas Karamchand Gandhi, conosciuto dai più come Mahatma Gandhi.

Ora la parte più divertente, lo spazio per le idee. Decidere come e perché, quando e cosa, è la parte più difficile e se questa pagina bianca ti fa paura, se tutto questo spazio bianco ti sembra grande da riempire... Attendi un secondo e concentrati, l'essere umano è una macchina incredibile, con un filo di concentrazione fa miracoli.

Ti lascio anche questa per provarti che una volta che hai cominciato a partorire idee sarà sempre più difficile fermarsi ☺

Si ma non lasciarla in bianco, sentiti in colpa perché hanno tagliato un albero in più per te e tu hai deciso di lasciarlo lì senza senso.

Non lo senti piangere? Le foglie che cadono, il tronco che viene lentamente divorato da una macina gigantesca, pezzi di legno che vengono strappati via da madre natura, la sua linfa che scorre innocente sul sottobosco.

Per non parlare di quelle

ENORMI

macchine rotative che hanno preso la polpa inerme di quell'albero e l'hanno compressa fino a farla diventare questo foglio...

Non lascerai mica il suo sacrificio in bianco?

Ogni pagina che svolti ti avvicini alla fine,

o all'inizio?

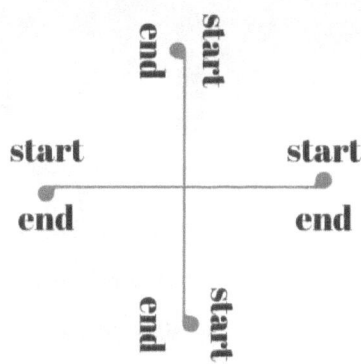

Questione di attitudine.
E man mano che questo libro finisce sono sicuro che quella migliaia di alberi tagliati in qualche paradiso naturale abbiano un senso.

Perché se non abbiamo uno scopo, tutte le nostre azioni non avranno un senso, non ci sarà nemmeno una direzione e per cui come facciamo ad orientarci verso l'obiettivo senza avere una direzione?

Ogni vita merita un racconto.
Ogni racconto merita un Eroe.
Ogni Eroe merita uno scopo.

Oscar di Montigny[6]

---

[6] Si, so che c'è una certa somiglianza tra Montaigne e Montigny ma non ho ancora chiesto ad Oscar se è una coincidenza... credo mi risponderà quando leggerà queste pagine.

Sì, so che tu vuoi fare l'influencer e della filosofia spiccia te ne frega poco e niente, ma se non conosci la mente umana come fai ad influenzarla?

Non ti preoccupare, nelle pagine a seguire non ci sarà una dimostrazione pratica di come adescare i tuoi follower usando poteri mentali.

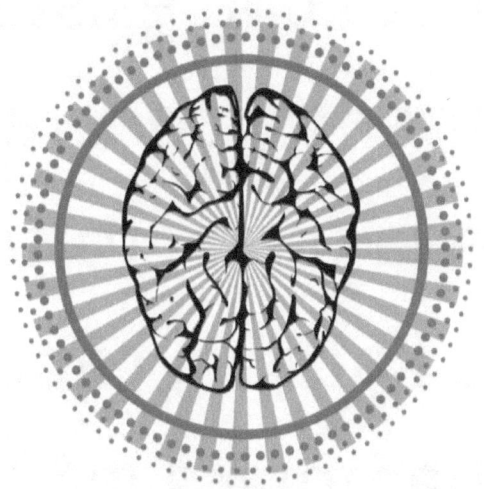

Però mi sento in obbligo di seguire il mio obiettivo, che non è quello di scrivere un libro per farci una risata insieme, ma vuole essere un po' più lungimirante, e per cui in queste ultime pagine forse si sorriderà di meno e si rifletterà di più.

C'è un punto veramente "segreto", un luogo di pensiero, un posto che esiste veramente, concreto come la terra, forte come l'acqua, capace di infiammare la mente e soffiare libero come il vento.

Purtroppo non si trova e non si troverà mai in un libro che parla di come diventare influencer (ma i libri parlano?), perché la maggior parte delle persone che lo vogliono diventare hanno bisogno di altro, non pensano di essere interessati alla filosofia seria.

Una frase di Luis mi ha colpito e ho deciso

io

cosa dare al mio pubblico, da ora in poi si riderà di meno ma si sarà più felici alla fine, da questa pagina in poi fai parlare il libro,
nella tua mente.

Qui c'è una chiave che può aprire molte porte.

Qui Non Ci Sono Cose Per L'influencer Medio

Ma visto che hai comprato e pagato tutto il libro leggi anche se sei un influencer medio. Non si sa mai.

I primi influencer che io abbia mai visto erano perlopiù esperti viaggiatori, che con cognizione di causa descrivevano territori lontani e luoghi unici e in questo modo aiutavano i viaggiatori meno esperti a scoprire paesaggi, posti ed emozioni uniche.

Non sto parlando di Tripadvisoristi da strapazzo con il pollice più veloce del Far Schifo.

Altro che del Far West.

Mi verrebbe da nominare Marco Polo e ci sarebbe anche Ibn Battuta (e quando vivevo a Dubai credevo che la fermata della metro e il centro commerciale che portano quel nome derivassero da qualche banca tipo la BNP Paribas) che è il Marco Polo del mondo Islamico.

Ma siamo troppo indietro, anche Colombo (sì, quello dell'uovo e delle Americhe) è troppo indietro, e avvicinandoci ai giorni nostri ci sono delle figure forse meno famose, ma veramente importanti.

Parlo di nomi come Sebastião Salgado - lo potete conoscere nel film "Il sale della terra" - oppure Kenro Izu – mostra le sue opere fotografiche in molte mostre da New York a Tokyo.

Fotografi che viaggiavano su mezzi di fortuna per giungere a destinazioni mai frequentate dal turismo, (e che del turismo se ne infischiavano) non pagati, non sponsorizzati, che lo facevano per semplice passione.

Ecco, 
se hai
la passione,
darà i suoi frutti.
E hai
vinto il gioco
appena cominci
a giocare.

Questi primi influencer non si basavano sui numeri, però stavano dando vita ad un importante mercato che di numeri ne macina parecchi.

La maggior parte di questi primi influencer portava a casa storie di esseri umani impresse attraverso i loro occhi, le loro memorie e spesso utilizzando anche la pellicola di una macchina fotografica.

Diventavano in poco tempo esseri umani saggi, non per la conoscenza che avevano assorbito, ma per l'attitudine che avevano sviluppato.

Insieme alle fotografie

e portavano a casa la capacità di ascoltare, osservare e riferire.

Immagino che non sia semplice essere un influencer di questo tipo, oltretutto, non avendo mai avuto esperienze simili come facciamo a immaginarci ciò?

In realtà se vuoi fare l'influencer vuol dire che non lo hai mai fatto, e per cui come fai a sapere che ti ci troverai bene? Che ti piacerà? Che ti sentirai a tuo agio in quella posizione?

Ok, ok avevo detto niente filosofia spiccia, ma pensaci.

Ritorniamo ai nostri primi influencer, ho scritto che avevano un potere di influenzare diverso da quello attuale, di solito erano più impegnati a far conoscere i lati positivi e negativi di un luogo distante, si interessavano a cause sociali, alcuni di loro si addentravano in zone di guerra, altri vivevano con tribù selvagge per mesi prima di tornare alla civiltà.

Ne sentivano il bisogno, era più di una passione, più di una sfida, era come se quella fosse l'unica aria che avrebbero potuto respirare, e alcuni purtroppo sono periti in zone particolarmente accese del nostro pianeta, cercando di denunciare le disgrazie che la nostra specie commetteva.

La prima cosa che mi viene da osservare è che quelle persone influenzavano ideali, coscienze e consapevolezze

e non è cosa da poco

Se volete rendere vive le mie parole cercate la fotografa Hilda Clayton, il suo ultimo scatto, costatole la vita, ritrae una palla di fuoco che divampa davanti a due militari.

L'esplosione ha colpito anche lei e le ha portato via la vita in un istante, lo stesso istante in cui la sua reflex ha fotografato la morte di quattro persone.

La sua fotografia è in grado di influenzare ideali, coscienze e consapevolezze.

Naturalmente non prendo in considerazione la storia antica con personaggi come Socrate, tralascio l'influenza di Cesare, di Carlo Magno, di Martin Lutero, di Giovanna D'Arco, dei re e degli imperatori di mezzo mondo.
Sorvolo Martin Luther King, non mi fermo su Hitler, Mussolini, Marx, Volta, Einstein, i diversi Papi e tutti gli altri veri influencer che abbiamo avuto finora.

Tengo conto solo degli influencer con il termine che si intende nei giorni nostri, altrimenti quello che doveva essere un libricino potrebbe diventare una enciclopedia.
Per cui non sto prendendo in considerazione solo quello che mi comoda, sto sorvolando con l'obiettivo di concentrarmi solo su un paio di fattori chiave ben specifici.

Però non ho fatto questa premessa storica per niente (in realtà mentre la facevo mi è venuto in mente di parlare anche di questo ma non ditelo a nessuno che sono così bravo ad improvvisare).

Se vi chiedessi chi ha influenzato di più la storia tra Michelangelo e Socrate, cosa mi rispondereste?
E tra Van Gogh e Martin Lutero?
E tra Beethoven e Einstein?

Con uno sguardo attento possiamo capire dove verte la domanda, le coppie sono composte da un artista di oggetti e un artista di progetti (che di solito si trasformano in idee e poi scoperte una volta provate).

Michelangelo era un genio e alcuni progetti da lui eseguiti restano ancora parzialmente incompresi, ma se domani crollassero? Rimarrebbero le foto è vero, ma anche quelle, prima o poi, comincerebbero a sbiadire.

Socrate ha sconvolto la filosofia antica gettando le basi per i filosofi moderni, ed è morto - alcune delle sue parole sono state cambiate da chi le ha trascritte (Socrate non ha mai scritto una parola di ciò che professava) - ma l'idea è rimasta lì influenzando la storia per migliaia di anni e le sue filosofie vengono studiate tutt'oggi.

Van Gogh, adoro i suoi quadri, ma non li posso vedere quando voglio, tra l'altro alcuni sono andati perduti, altri rubati, la maggior parte è chiusa in caveau con atmosfera controllata dentro a valigette a prova di proiettile calibro 50. Arte soggettiva, fisica e materiale che impressiona, ma non influenza come un'idea o una filosofia. Le idee di Martin Lutero hanno influenzato e spaccato l'organizzazione più grande al mondo. Non hai capito? Non sono stato abbastanza chiaro?

E la stessa cosa vale per Beethoven (sebbene non sia un artista di oggetti vero e proprio) ed Einstein, l'influenza delle idee ha da sempre avuto una maggiore influenza degli oggetti.

E i bravi influencer lo hanno capito, per citarne un paio, Alessandro Proto e suoi post irriverenti che strappano le masse dal loro perbenismo, lo Zio Monty (Marco Montemagno che poi magari si arrabbia per tutta sta confidenza) porta idee e concetti e influenza la vita altrui con esse, Oscar di Montigny è sempre impegnato a diffondere messaggi di Economia 0.0, e infine per citarne uno che non ho mai nominato in questo libro: Luis e la sua Filuisofia.

E in realtà potrebbe essere tutto qui il "segreto" dell'influencer...

Non ne parla nessuno,

Per fortuna, altrimenti saremo tutti invasati a cercare la nostra filosofia di vita e cercheremo di fare del bene a noi stessi e agli altri.

nessun libro dice che

ogni bravo
influencer

ha

due cose:

Un talento

Una filosofia

poi... se il tuo
talento è nel
comunicare,
allora sei un invincibile e
puoi convincere
chiunque che la tua
razza è la migliore
e così puoi decimare la
popolazione europea
grazie alla tua
filosofia.

Non è bello ciò che ho detto, non ho paura delle critiche, l'ho detto perché è realtà: la storia insegna, il potere di influenzare è dato in mano a ognuno di noi.

È l'essere umano singolo che decide poi come usarlo, per cui è bene ricordare Socrate e Einstein ma è anche bene ragguagliare sugli effetti collaterali che il potere dell'influenza può dare.

Se il tuo talento è incerto... ci sono degli esperti che possono darti una mano a scoprire le tue virtù, le tue potenzialità e il tuo talento (che magari per vari motivi non hai mai tirato fuori in X anni della tua vita).

Se il tuo talento non è nella comunicazione puoi creare una sinergia con qualcuno bravo a comunicare; l'essere umano si è evoluto grazie alla sinergia[7], pensi di essere migliore di tutto il resto della specie?

Se il tuo talento è nella comunicazione devi solo scegliere una filosofia da abbracciare, essere coerente con essa e portarla avanti come fosse il vessillo della tua causa.

Posso assicurare a chiunque,

ma

chiunque

che la comunicazione è un talento che può essere cresciuto (non in un mese e non in un anno) e dà risultati straordinari se sinergizzato con una filosofia.

---

[7] Troverete tutto in dettaglio nel mio prossimo libro ☺

Perseveranza e forza d'animo sosteranno i più deboli nei primi passi, quando da 1 si passa a 2, da 2 a 5, da 5 a 20 da 20 a 1000, da 1000 a 2000 ecc ecc.

Però, battute a parte, in questo libro c'è un piccolo tesoro per chiunque voglia cimentarsi nell'impresa di influenzare anche solo una persona.

Perché io sono convinto che i migliori influencer al mondo siano tutti quei genitori che ce l'hanno messa tutta per crescere dei figli, comunicandogli una filosofia per il bene di sé stessi e degli altri.

Ed è per questo che, in questo preciso istante, ho deciso di dedicare questo libro ai miei genitori, perché da loro ho imparato e se veramente qualcuno di voi vuole prendere questa strada, pensi alla difficoltà che ha un genitore che comunica una filosofia al/la propri@ figli@.

Ecco, avrà la maggior parte delle stesse difficoltà davanti a sé, e dovrebbe pensare che ogni persona che verrà influenzata diventerà in parte su@ figli@.

Un Talento

Una Filosofia

Il potere

ora

è

in

mano

tua

POTERE È RESPONSABILITÀ

responsabilità è potere

Qui il libro dovrebbe finire, ma hai letto solo 7500 parole, forse un po' pochine per un libro che dovrebbe aprirti un universo nuovo e darti la possibilità di costruirti un futuro.

Per cui il libro finisce qui per chi ha già capito anche le sfumature che non ho affrontato, per chi invece ha ancora delle domande o dei dubbi in merito ad alcuni aspetti è meglio che continui la lettura.

E alla fine, anche se non hai dubbi hai pagato tutto il libro, mi hai dato un aiuto a raggiungere il mio obiettivo e per cui è meglio che leggi le pagine a seguire perché mi sono impegnato a scrivere anche quelle.

N   T N
E   A D A
S H U L A S
S A N E L C
U   N L I
N   T A T
O   O

Non mandarmi mail dicendo che ho sbagliato a scrivere...

Non sono stato posseduto per qualche minuto...

Il gatto non ha camminato sulla mia tastiera...

(non sapevo nemmeno di avere un gatto in casa...)

Non mi sono addormentato mentre scrivevo...

(ma ti pare che possa addormentarmi in una scrittura così straordinaria??)

E a dire il vero... se non ci arrivi sei tu quello poco sveglio...

L'abitudine ci nasconde il vero aspetto delle cose.

Montaigne[8]

---

[8] Terzo aforisma di questo geniale personaggio. E magari non sai ancora chi è.

Poco tempo fa ho letto un intervista di Balasso, magari non sai chi è... beh fatti una cultura.

Descriveva molto brevemente la sua carriera, agli inizi, quando la gente non sapeva chi fosse, non aveva mai pensato che un tizio potesse "video-editarsi" al posto di Gesù e schernire la società stando impalato alla croce.

Ha cominciato nelle osterie, improvvisando canzonette per ottenere un pasto.

A metà carriera comincia da un salmone e tira fuori una filosofia moderna che dovrebbe valergli l'Oscar.

Dico a metà carriera perché non è di certo già finita, ma in effetti non so a che punto sia.

Perché con Balasso potremmo avvicinarci ad un punto importante di come costruire un'ottima carriera da influencer.

Anzi, pensandoci bene due punti, se mi ricordo di scriverli prima che mi passino di mente:

1. Il tuo pubblico si evolve con te

Un po' come i Pokémon, possono acquistare potere con il passare del tempo, ma li devi allenare di volta in volta perché potrebbe essere inutile avere un Pokémon di livello 100 e tutti gli altri di livello 5.

E se non sai a cosa mi riferisco perché non conosci i Pokémon, forse sei troppo giovane per leggere questo libro, ma in effetti dovevo avvisarti prima.

Pazienza, ti farai una cultura di Pokémon per capire le mie allusioni.

2. Tu segui il tuo pubblico

Se il tuo pubblico smette di esistere in un determinato luogo (reale o virtuale), devi spostarti anche tu.

Con delle allusioni più mirate:

1. Luis non ha un account LinkedIn. Non è quello il suo pubblico.

2. Se domani Instagram e Youtube perdono pubblico (come è successo per Facebook) lui dovrà trovare un altro luogo dove trovare Influenzati.

3. Hugo Boss non è per quindicenni e se ne frega perché non li vuole, (non hanno abbastanza soldi per permettersi i suoi capi) ma se li volesse, dovrebbe cambiare luogo di condivisione, non prezzo.

Beh gli esempi potrebbero continuare ma spero che tu abbia capito. È il luogo che fa la differenza, non la filosofia.

Perché la tua filosofia può essere spiegata con parole diverse adatte ad un pubblico differente.

Ma se quel pubblico è allo stadio non ha senso per te stare a teatro.

Ma se quel pubblico è su Instagram non ha senso per te stare su LinkedIn.

Tozzi di pane, non briciole.

```
A   A
T   I   A
S   F   I
E   È   O   C
    U   S   C
    Q   O   I
        L   P
        I   S
        F
```

Ed è brutto sapere come funziona il gioco ma non essere in grado di risolverlo come si era imparato all'inizio.

E questo è per portarti ad un altro punto importante del tuo lavoro di influencer

Non essere troppo prevedibile.

Un pochino va bene, anche perché troverai sempre quello che ti dirà:

"si beh, me lo aspettavo"

E la realtà è che non è vero, ma va bene così finché chi critica non saprà fare meglio del criticato.

Benedetta

Parodi

meritocrazia!

e maledetto chi non la persegue (la meritocrazia).

Provate ad immaginare la persona che meno vi piace (di nome XXXX) perché è partita prima di voi (mica colpa mia se all'epoca andavo ancora alle elementari e lui invece era un neo trentenne), è riuscita nello scopo di influenzare una grossa (forse la maggiore in assoluto) fetta di pubblico.

TU hai fatto qualcosa di tuo.

Originale.

Bello figo.

Lo esponi ad una persona che conosce abbastanza bene il mercato e il pubblico e questa persona che ti dice?

"è simile a quello che avevo sentito dire da XXXX

Hai presente quella vena che quando ti arrabbi pulsa di cattiveria?

Ecco.

È arrivato il momento che quella vena esplode, ma non muori dissanguato.

Le vene hanno una pressione sanguinea minore ed è più difficile morire dissanguato perché una vena esplode.

E io sto descrivendo in modo metaforico, non reale.

In tutti i casi quella vena esplode insieme alla tua pazienza e alla tua comprensione.

La persona XXXX non la voglio più vedere e sentire. Potrebbe, anzi dovrebbe, morire e a me non importerebbe un bell'accidente di niente.

Però un giorno ti salta lo schizzo e decidi (perché se vuoi criticarla devi prima conoscere la sua filosofia) di andare a sentire che ha da dire.

E così mi presento a quell'incontro; io ero solare e radioso, bendisposto ad aprire il mio cuore e la mia mente al suo pensiero (così poi avrei potuto criticarlo).

E quella persona salì sul palcoscenico. Applausi e musica motivazionale seguirono la sua entrata.

Racconti di vita, sprazzi di esperienza vissuta interconnessi da risate e momento serietà, insomma un ottimo comunicatore.

Finché arriva ad un certo punto del suo monologo e dice una frase che è una roba grande.

Il comportamento non è l'identità.

Insomma mi stava dicendo che il motivo per cui lo stavo odiando doveva essere separato dalla sua identità, lui non era il suo comportamento perché il suo comportamento era frutto di ciò che aveva passato in quell'istante e nei pochi minuti o ore prima, mentre la sua reale identità non dipendeva solo da quello ma da anni e anni.

In quel momento non capii un tubo di cosa potesse centrare ma capii una cosa ben più importante:

Chi vuole influenzare gli altri deve poter ESSERE un influencer, il suo comportamento deve rispecchiare la sua identità ed è per quello che ti ho fatto una testa così a proposito della coerenza.

L'errore di molti è quello di FARE l'influencer, ossia si comportano da influencer ma non fa parte di loro. Fanno una filosofia, fanno dello spettacolo, fanno delle notizie. Ma in tutto questo non c'è nulla che rispecchi la loro identità.

Sono un FAKE insomma, come la news che

Luis è gay.

Ma sta sempre a noi decidere di vedere le diverse facce, perché ogni cosa ha due facce, anche il Joker ce lo ha insegnato.

E visto che è crepato per non voler accettare di avere due facce, è meglio che impariamo anche noi a creare molte sfaccettature di noi stessi.

Sempre sulla base di UNA filosofia.

Sì, il libro è quasi finito sul serio, non voglio fare un tomo d'enciclopedia che scoraggi i più deboli.

Pari opportunità anche a chi so che non ce la farà.

Sono un grande motivatore vero?

Però mi abbandono

        ancora ad una riflessione

                che chi non ha mai giocato

        ai Pokémon

potrà capire.

Tutto ciò che ha una storia influenza.

Non so se avete mai notato i grandi influencer (non Luis), non so se avete mai letto libri di grandi scrittori (non Luis), non so se avete mai visto film di grandi registi (ehm... non lo è ancora), però so che questi tre campi di applicazione di influenza sono soggetti ad una grande connessione comune.

Diciamo che è una costante.

Chiamiamola una coincidenza che rende i film di Allen, i libri di Coelho, e i pensieri di Eco semplicemente storia.

Nel senso che hanno fatto la storia.

Nel senso che hanno usato una storia.

Ora prendiamo un tizio a caso e chiamiamolo Luis, facciamo finta che sia un giovanotto a caso, uno pseudo fallito che fa il liceo artistico senza il pensiero di prendere una laurea, insomma, un tizio che di certo andrà a fare massimo il cameriere.

Questo Luis però ha una storia da raccontare e tutte le storie sono composte da personaggi, azioni, tempi morti e FILOSOFIE.

Ecco che questo quasi fallito futuro cameriere cambia faccia. Ha una storia con la quale riesce a trasportare una filosofia di vita.

Ha vinto, come ha vinto Eco, Coelho o Allen.

Se non hai una storia da raccontare non ti resterà altro che fare il professorino, estorcendo una miseria di stipendio per spaccarti il deretano a mille cercando di insegnare filosofia attraverso le storie altrui.

Più o meno la strada che ho scelto io.

Perché io una storia non ce l'ho? Ma certo che ce l'ho ma se te la raccontavo ti avrei trasformato in un influenced e non in un influencer.

Cambia una lettera e cambia un mondo.

In questo libro non potevi trovare una storia, non potevi abbracciare una filosofia, non potevi ricavare un talento.

Altrimenti ti avrei trasformato in un formica, ti avrei nutrito di briciole e ti avrei abituato all'idea che quello era ciò che avresti ottenuto un domani.

Ma non è così che deve andare.

Impara da Esopo e confeziona le tue storie attorno alla tua filosofia.

Perché riuscire a ESSERE un influencer significa poter trasformare la nostra identità (e la storia che la racconta) attraverso il nostro comportamento (come abbiamo reagito a ciò che accadeva nella nostra storia).

Il resto è solo "modo di dire", abilità comunicative che si possono imparare.

Ora sono arrivato alla fine, e piuttosto di lasciare un numero di pagine vuote per scelta personale, vorrei lasciare qualche facciata per te, perché tu possa cominciare a scrivere la tua storia.

Comincia qui:

ancora una facciata

ma se non lo fai non potrai mai cominciare...

Sono stato io a dirti che potevi strappare una pagina, ora non credere che mi faccia problemi se scrivi sul mio libro.

Che poi, lo hai pagato tu per cui è tuo.

Obiettivo ○

Motivazione ○

Idee ○

Passione ○

Talento ○

Filosofia ○

Identità ○

Storia ○

Come una lista della spesa

Ma nulla di tutto ciò si può comprare

Non ti resta altro che cominciare, rimboccarti le maniche e lottare.

E poi ti accorgerai che per fare

                        il medico,

                                              il pilota,

                  lo spazzino,

il professore,

                        il meccanico,

                                              o l'agricoltore

ci vogliono le stesse cose che ci vogliono per fare l'influencer

Ma questa è un'altra storia.

F i n e

In effetti è l'ultima pagina prima dei ringraziamenti, è logico che sia la fine, ma io sono imprevedibile.

Ringraziamenti:

Ringrazio tutti. Soprattutto coloro che non hanno fatto nulla per non essere ringraziati.

Così non faccio un torto a nessuno.

Precisazioni per gli ingenui:

Sono consapevole che in copertina c'è una chiara allusione al dio denaro, ed è forse il motivo che ti ha spinto a comprare questo libro.

Sono consapevole che in tutto il testo non c'è una frase che parli di come fare soldi, almeno non in modo esplicito.

Non sono stato incoerente e ho detto la verità, per chiunque segua la lista della spesa scritta poche pagine fa, avrà la possibilità di fare soldi a palate (sappiamo bene quanto guadagna un influencer) e l'ho scritto proprio per risvegliare il tuo interesse e la tua motivazione, come un secchio di acqua di prima mattina.

Per cui sei sveglio, hai la lista della spesa, hai una direzione e delle riflessioni.

Ma soprattutto non sei stato influenzato da un mio metodo, da una mia filosofia, da una mia storia o da una mia esperienza.

L'opportunità passa a te, con innumerevoli possibilità di raggiungere l'obiettivo che vorrai prefiggere attraverso la tua filosofia e la tua storia.

A proposito di storie...

Cercate: Christopher Vogler, un regista statunitense che ha dato vita ad un modello di storia con i ruoli precisi per tutti i personaggi (soprattutto la figura dell'eroe) e azioni che vanno a ricreare la composizione "perfetta".

Diciamo che come la lista della spesa che ti ho proposto per diventare influencer, anche lui è riuscito a concentrare un'infusione di concetti e significati per tutte le persone che volevano raccontare storie.

Sapere come fare, fa la differenza.

Ti metto un piccolo assaggio del libro di Vogler:

Le 12 tappe del viaggio dell'eroe:

Primo Atto
- Mondo ordinario
- Richiamo all'avventura
- Rifiuto del richiamo
- Mentore
- Varco della soglia

Secondo Atto
- Prove, allenati, nemici
- Avvicinamento caverna recondita
- Prova centrale
- Ricompensa

Terzo Atto
- La via del ritorno
- Resurrezione
- Ritorno con l'Elisir

Ma ci sono un paio di cose che non si possono imparare a menadito in un libro, cose come la tua identità, la tua passione o le tue idee.

E QUI È UNO DEI SCALINI DA SUPERARE,
MA COME AL SOLITO,
SE FOSSE FACILE,
NESSUNO LO FAREBBE
PERCHÉ NON RICEVE
SODDISFAZIONE.

La tua filosofia è indubbiamente un distillato di insegnamenti altrui ed esperienze personali, puoi anche scavare un po' nell'argomento e farti una cultura per avere un bagaglio tuo.

NIENTE È PIÙ SEXY DELL'INTELLIGENZA E DELLA CONOSCENZA.

Anche perché metti che fare l'influencer non faccia per te hai sempre un ottimo bagaglio culturale per fare altre cose.

Parlando di talento, c'è un libro che ne parla in modo affascinante e scientifico, si intitola *"Talent Code"* e non esiste in italiano. Leggi il libro (in inglese) prima di cimentarti in questa impresa.

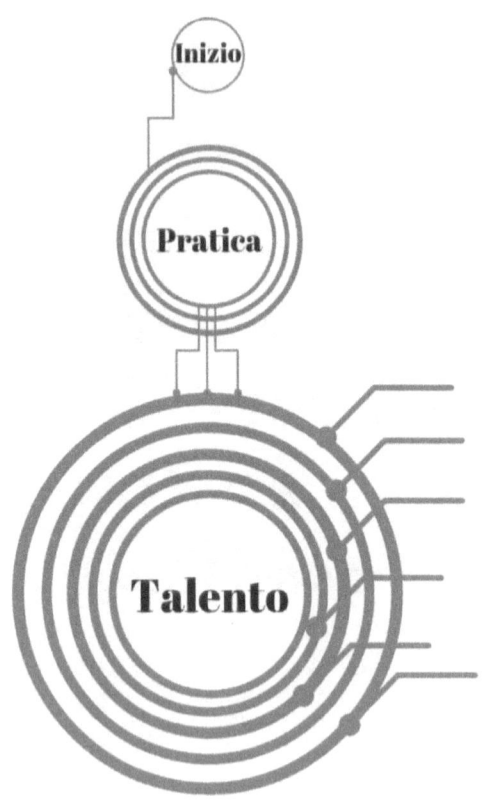

Siccome il talento da sviluppare è nella comunicazione, è bene imparare a comunicare, saperlo fare davanti ad un pubblico o davanti ad una telecamera non è per tutti, ma tutti possono imparare a farlo.

Talent Code insegna.

P.s.: conoscere la lingua inglese (o un'altra lingua) fa bene al cervello, cambia la sua struttura e crea molte connessioni. Non a caso tutti i più grandi influencer sono almeno bilingue.

Se non sai nulla di obiettivi, la prima voce della lista della spesa, nonché radice di tutti i tuoi risultati futuri, puoi leggere *"Elemento Neutro"*, un libro scritto per dare una direzione chiara a qualunque sia il tuo scopo.

Libro definito "intenso e di senso" da uno degli influencer citati in questo libro.

Basta contenuti ora, altrimenti vien fuori un libro troppo di spessore.

Mancano solamente un paio di pagine poi potrai incontrarmi sul mio sito

www.elementoneutro.com

La prefazione è per pivelli, che gusto c'è smascherare mezzo contenuto del libro nelle prime pagine??

E per cui ecco la postfazione di questo bel libro.

Credo vi farà bene leggerla!

Postfazione a cura di Massimiliano Bravin:

Lui parla di Coerenza, ma come si fa con la Coerenza?

No, dico: questo **non** è un libro scritto da uno che guadagna (*che io sappia*) mille mila €uro al mese perché influisce sulle scelte altrui in maniera tale da spostare interessi e consumi.
Non esiste l'acqua di Elemento Neutro...

E allora?

Esiste, questo lo so per certo, il talento di un ragazzo che studia in continuazione le leggi del successo, le mette in pratica quando fa il coach - quindi aiutando altri ad avere successo - e te le racconta perché si possano duplicare.

Duplicare, esatto!

Ma facendo proprio copia-incolla?
No, tutt'altro:
adattandole alla tua realtà, al tuo progetto.

L'idea di "Influencer", originale nell'esposizione, nella proposta e anche nella grafica, è quella di aiutarti a capire che quello dell'influencer, in fondo, è un mestiere con un nome preciso:

Imprenditore.

Già, proprio così: l'influencer non è altro **(e non è una semplificazione)** che un imprenditore che utilizza internet e le sue potenzialità per creare mercato, aiutare le persone a scegliere indirizzando il gusto nei consumi, contribuire allo sviluppo di un prodotto, di una tendenza.

L'esperienza di Elemento Neutro compie con "Influencer" un passo in avanti: la realizzazione del sé e dei propri sogni - nel XXI secolo - dà un'opportunità reale grazie alla "rete", ma bisogna saperne fare buon uso.

Ecco, hai appena finito di leggere un manuale d'istruzioni alquanto originale, sicuramente molto meno noioso di tante trattazioni "seriose" o "urlate" com'è d'uso adesso. È uscito dal comune, ha colto la tua attenzione; adesso resta solo da metterlo in pratica, seriamente...

Massimiliano Bravin
(Neo Influencer Evangelist)

E in effetti bisogna dire che è stato proprio bravin a scrivere una postfazione così bella ☺

Ti è piaciuto questo libro?

È una domanda retorica perché so che ti è piaciuto!

So anche che lo vuoi condividere con più persone possibili!

E allora ecco il sistema più semplice e veloce:

Scannerizza questo codice con l'app ReadAzione e manda l'eBook a chiunque tu voglia tra i tuoi contatti WhatsApp!

E concludo, stavolta definitivamente (ma sicuramente farò un altro libro prossimamente), con una frase di un influencer che non si trova su Instagram, ma è un figo pazzesco.

From books, all I seek, is to give myself pleasure by an honorable pastime.

Montaigne

Alla prossima, futur@ influencer

Se ti sono piaciute le illustrazioni che hai visto e sfogliato puoi trovare le stesse immagini su Canva.com o sull'app Canva, non sono gratis ma sono belle ☺

Titolo: La lista della spesa per diventare Influencer

Autore: Alex Sebastianutti – Alias: Elemento Neutro

ISBN: 9781726760430

© Tutti i diritti sono riservati

Nessuna parte di questo libro può essere riprodotta senza il preventivo assenso dell'autore.

Ma non fatevi problemi a condividere foto e ritagli di questo libro nei social ☺

Taggatemi su Instagram usando _elementoneutro_ oppure sebastianuttialex

così cresciamo insieme.

Perché credo nel titolo del libro di Rudy Bandiera:

Condivide et Impera

E vi invito a leggerlo per i contenuti che tratta.

Ma sapete che non ho mai trovato un libro in cui dopo la sezione informazioni e copyright ci sia scritto qualcos'altro?

Per cui mi viene da condividere un pensiero che è nato scrivendo questa frase, a seguito della riflessione precedente:

Se vuoi, anche la fine è un limite valicabile.

www.ingramcontent.com/pod-product-compliance
Lightning Source LLC
Chambersburg PA
CBHW031617210526
45464CB00004B/1626